그리움도 병이어라

그리움도 병이어라

초판1쇄 발행　2024년 8월 12일

지은이　신문홍
펴낸이　이길안
펴낸곳　세종출판사

주소　부산광역시 중구 흑교로 71번길 12 (보수동2가)
전화　051－463－5898, 253－2213~5
팩스　051－248－4880
전자우편　sjpl5898@daum.net
출판등록　제02－01－96

ISBN　979－11－5979－697－5　03810

정가 13,000원

이 책은 저작권법에 따라 보호받는 저작물이므로 무단전재와 무단복제를 금지하며, 이 책 내용의 전부 또는 일부 내용을 재사용하려면 사전에 저작권자와 세종출판사의 동의를 받아야 합니다.

* 잘못된 책은 교환해 드립니다.

그리움도 병이어라

신문홍 시집

세종출판사

서문 序文

시를 쓴다는 것은 쉬운 일이 아니다. 좋은 시를 쓴다는 것이 그렇고, 이쁘고 감동적인 시를 쓴다는 것은 더욱 그렇다.

누구나 읽으면 바로 감동을 느낄 수 있고, 다시 한 번 읽고 싶어지는 그런 쉬운 말로 시를 쓰고 싶다.

첫 시집을 준비하면서 두려운 마음이 앞선다. 알몸으로 저잣거리에 나서는 기분이다. 나는 나 자신에게 진실한가? 세상의 모든 사물을 편견 없이 사랑하는가, 미움이나 불필요한 한은 없는가 생각해 본다. 삶의 여정에 지친 허기 진 사람들, 방황하는 나그네의 가슴을 닦아 주는 행주 같은 시를 쓰고 싶다.

나의 첫 시집이 많이 부족 하겠지만, 읽는 분들에게 작은 의미로나마 다가갔으면 하는 바람이다.

2024년 8월

신 문 홍

차례

• 서문序文 / 5

제1부 아침을 여는 교향곡

겨울 해바라기 ················· 13
고목古木 ······················· 14
낙엽 ·························· 15
쇼윈도 앞에서 ················· 16
섬 ···························· 18
삶의 여정 ····················· 19
바보 개개비 ··················· 20
만두 ·························· 22
만추晩秋 ······················ 24
아침을 여는 교향곡 ············ 26
몽골의 밤 ····················· 27
복구의 전설 ··················· 28
봄비의 추억 ··················· 30
산책散策 ······················ 31
소금 ·························· 32
잘못된 우정 ··················· 34
인생 ·························· 36
조상님 오신 날 ················ 38
여름을 보내며 ················· 40
청연青蓮 ······················ 41
초혼招魂 ······················ 42

제2부 그리움도 병이어라

그리움도 병이어라 ············ 45
가을밤 ······················ 46
개구쟁이 ···················· 47
겨울비 ······················ 48
그리움 1 ···················· 50
까치 ························ 51
꿈 ·························· 52
눈썹달 ······················ 53
달빛 사랑 ··················· 54
별 하나 ····················· 55
밀밭 길 ····················· 56
봄 ·························· 57
불씨 ························ 58
산 노루 ····················· 59
어머니 ······················ 60
초저녁 ······················ 61
천상 재회 ··················· 62
추억 고양이 ················· 64
파밭에서 ···················· 65
슬픈 사랑 ··················· 66

제3부 단풍잎 하나

배꼽이 둘이어도 좋다 ·············· 69
단풍잎 하나 ·············· 70
가을 편지 ·············· 72
가을 벤치 ·············· 73
눈물 꽃 ·············· 74
도라지꽃 ·············· 75
모두 털고 가소서 ·············· 76
바람아! ·············· 77
바람처럼 ·············· 78
여름 ·············· 79
소리 ·············· 80
여름밤 ·············· 82
원 ·············· 83
자유 ·············· 84
봄 마당 ·············· 85
삼베적삼 ·············· 86
진실 ·············· 87
초로初老 ·············· 88
황혼의 블루스 ·············· 89
비 오는 날의 열린음악회 ·············· 90

제4부 슬픈 모과나무

겨울밤 ······· 93
설날이 오면 ······· 94
광안리 연가 ······· 96
통곡의 계곡 ······· 97
도축장 풍경 ······· 98
문패門牌 ······· 100
소크라테스 ······· 102
시인의 손가락 ······· 103
슬픈 모과나무 ······· 104
월하취담月下醉談 ······· 106
저 멀리 북쪽에는 ······· 108
숯덩이 ······· 109
커피 ······· 110
별 사랑 ······· 112
여백餘白 ······· 113
돗단배 ······· 114
물새의 노래 ······· 115
동동구루무 ······· 116
모녀母女 ······· 117
타조의 눈물 ······· 118

제5부 노을에게 길을 묻다

계절은 속절없이 ·················· 123
이방인 ························· 124
소나기 ························· 126
나눔 ·························· 127
넉넉한 저녁 ···················· 128
노을에게 길을 묻다 ············· 129
주남호에서 ····················· 130
묻는다면 ······················· 131
인생의 의미 ···················· 132
목줄 ·························· 133
또 다른 나 ····················· 134
달음산의 봄 ···················· 135
다람쥐 사랑 ···················· 136
그리운 소리 ···················· 137
개여울 길 ······················ 138
까치도 거짓말 하는가 ··········· 140
그리움 2 ······················· 141
나이의 셈법 ···················· 142
부채 ·························· 144
첫 시집을 내며 ················· 145

• 작품해설
송명희 | 회상적 자아에서 현실적 자아까지 ····· 147

제1부

아침을 여는 교향곡

겨울 해바라기

함박웃음 곱던 노란 꽃잎
다 떨어지고
흑진주 같던 씨알은
까치밥이 되었구나

버려진 토기土器 같이
곰보 진 얼굴에
마른 잎 두어 개 움켜쥐고 서 있는
계절의 지팡이

간밤에 내린 눈발에
하얘진 머리카락 곱게 빗고
불타던 태양
어우르던 벌 나비 그리워하며

언 몸 비틀고 비틀어
태양을 향해 마주 서려는
처절한 몸부림이여

고목古木

백 년 된 매화나무 가지에
띄엄띄엄 꽃이 피었다.
별빛이다

긴 세월 바람에 시달리고
무서리에 삭은 고목
찢어지고 이끼 낀 몸에 외가지만 남았다.

때가 되어도
소식이 없어
수명을 다했나 안타까웠는데

봄비가 듬뿍 내리고 나니
움이 돋았다.

가지에 노는 참새야 조심해라
철없는 사랑놀이에
그 여린 꽃잎 떨어질라

낙엽

낙엽이 흩날린다.
여름날의 기억을 끼워 맞추는
퍼즐 놀이를 하고 있다.

먼바다 난파선의
파편들은 출렁이고
퍼즐은 헛돈다.

낙엽은 저들만 아는
작은 목소리로 소곤거린다.
다시 나뭇가지로 돌아갈 수 있을까.

살랑살랑 나부끼며
노래하고 춤추던 시절
그때가 정말 행복했다.

바람은 낙엽을 달래며, 달래며
깊은 낭떠러지로 몰아가고
낙엽은 마른 가지에 눈을 매달고
마지막 앙탈을 부린다.

쇼윈도 앞에서

쇼윈도 앞에 한 남자가 서 있다
안에, 빨간 입술이 웃고 있다

얼마만 인가
젊은 미소

옛 생각에
잠시 가슴이 설렌다

마네킹 옆에 비치는
잔주름의 남자는 누구인가

창에 석양이 들고
노을이 스민다

블라인드가 천천히 내려와
햇볕을 가리고

내려진 막 아래로
빨간 하이힐이 보인다

추억 한 짝 들고
가던 길을 간다

노을이 등에 묻어오고
잔주름이 따라온다

섬

먼 바다 위에
작은 섬 하나 앉아 있다
구름 바라보며 말이 없다

도시의 섬들이 생겨나고 있다

마스크 삼 년에 인연은 멀어지고
모두가 낯설다

갈매기 커서 날아가듯이
다 제 둥지 찾아 떠났다

텅 빈 바람벽 안에
덩그러니 앉아 있노라면

파도가 넘실넘실 스며들어
거실을 채운다

화분이 물에 잠기고
해초들이 일렁이면
나는 그냥 섬이다

삶의 여정

큰 강은 흐르고 흘러도 그 자리에 있고
거센 폭풍우에도
바다는 넘치는 법이 없다.

가는 세월을 본 사람 뉘 있는가?
세월은 그대로인데
육신이 늙어갈 뿐
현자賢者는 세월을 탓하지 않는다

있는 그대로
자연과 하나가 되어
뭇 꽃들과 향기를 나누고
새들과 함께 노래하며
나무를 벗하여 살아가는 얘기를 나누어야지

나이 듦이 무슨 상관이랴
가는 세월도
깨어있는 자의 열정을 꺾을 수 없고
자유로운 영혼은 앗아갈 수 없다네

바보 개개비

개개비 둥지에 뻐꾸기가 알을 낳았다.
제일 먼저 깨어나 밥 달라고 졸라대니
제 알은 팽개치고
열심히 먹이를 잡아 날랐다.

무럭무럭 자라 덩치가 커갔다.
개개비는 신이 났다.
와! 대왕 깜이 태어났구나.
이놈을 잘 키워 왕으로 만들어야지.

사람이나 개개비나 욕심은 같다.
열 자식이면 뭐해
한 놈 잘 길러 왕이 되면 그만이지.
열과 성을 다해 키웠다.

날개털이 나고 꼬리가 길어지니
덩치가 제 몸의 두 배는 될듯했다.
이제 이놈만 믿으면 되겠구나
개개비는 행복했다.

어느 날 먹이를 물고 와보니
둥지는 비어 있고
새끼는 보이지 않았다.
이 산 저 산 애타게 찾아 헤맸다.

그러던 하루 뒷산에서
뻐꾹 뻐꾹 우는 새 있어서
찾아갔더니
아는 체도 않고 숲속에 숨더라네.

만두

산 좋고 물 좋은
산골에서 태어나
실눈 덮인 겨울을 보내고,

오월에는 흐드러진 아카시아와
연애도 하고,
유월 햇살에
얼굴이 누렇게 탔더란 말이지.

물레방앗간에서 황금 옷을 벗고
새아씨 신혼 튼 초가집으로 와서는
속 찬 조개가 되었단 말이지.

가마솥 채반 삼배 방석에 앉아
땀을 빼고,
하얀 사기 쟁반에 앉아
새신랑 오기를 기다렸단 말이지.

밭에서 돌아온 신랑이
초간장에 찍는 것도 미안해서
그대로 삼키더란 말이지.

금가락지 낀
새아씨 보드라운 손길이
간지러웠다 이 말이지!

만추晚秋

서리 맞은 들국화 애처로운
강가 오솔길을 걷는다

철 지나 빈 들판은 허망하다.

버려진 청춘인가
잊혀진 여인인가
논두렁의 허수아비는 처량하구나

구름은 강에 빠져 허우적대고
마른 갈잎은 스산하다

부채 짓 같은 바람에도
갈잎은 쉼 없이 조잘인다.

지난여름 숨어들던
뜸부기의 사랑을 추억하는가!
푸르렀던 젊은 날이
그립단 뜻이겠지

스치는 바람처럼
흐르는 구름처럼
허허로운 시인의 마음
둥실 두둥실 갈대숲을 떠도네.

아침을 여는 교향곡

밤새 베토벤을 들으며
머릿속에 찌든 때를
씻어냈다.

하늘이 유난히 푸르고
아침 햇살이
따사하고 보드라웠다.

물소리 새소리
바람에 이는 잎새 소리가
건반을 두드리고

상큼한 바람 불어와
나의 손가락을 간질이며
바이올린을 켰다.

몽골의 밤

가도 가도 푸른 초원
하늘과 땅이 맞닿은 지평선

거대한 돔에 갇힌 듯
나는 먼지보다 작은 한 점이 되어
풀밭에 누웠다.

칭기즈 칸 기마병들의 함성과
말발굽 소리 아련한데

하늘은 온통 별꽃이 빛나고
초원엔 하얀 에델바이스가
호롱불을 밝힌다.

우랄 알타이에서 기원起源하여
이 초원을 거쳐 백두白頭로 갔을
백의민족의 여정이 어렴풋하다.

복구의 전설

대청에 식구들이 둘러앉아
저녁을 먹을 때
복구는 축담 밑에 앉아
꼬리를 살래살래 흔들며 쳐다본다.

"나는 왜
20년을 같이 살았어도
함께 못 먹지"

노모가 아들한테 말했다.
"야야, 애인타!
짐승도 오래 살면 영물이 되는기라.
내다 팔든지, 고아 먹든지"

복구는 비실비실 대문을 나갔다.
돌아보는 눈빛에
원망과 설움이 가득하고
주름진 눈가에 석양이 반짝였다.

"내가 어때서?
할머니 드시라고 오소리도 잡아주고

보리밭에 까마귀들 다 쫓아내고
송아지도 몰아냈다."

돌아오지 않았다.
울면서 재를 넘었다는 말도 있고,
어느 날 도둑골짜기에서 까마귀들이
잔치를 벌였다는 둥 소문만 무성했다.

봄비의 추억

비가 오네요
봄비가 옵니다
내리는 비는 창에 흩날려
투명의 커튼을 이루고

커튼 너머 작은 기억의 오솔길로
시간여행을 떠납니다.

시골집 처마 끝에 하염없이
떨어지던 낙수
물길을 따라 일고 부서지는
송아지 눈망울 같은 물방울들

냇물에 머리 감고 참빗질하여
똬리 꼬아 비녀 꽂으시던 어머니

호박단 저고리
큰누나 시집가던 날
분칠한 두 볼에 흐르던 눈물

새록새록 추억에 젖어
화단을 보니
동백 꽃잎에 빨간 이슬이 맺혀 있네요

산책散策

사각 서걱 사그락
낙엽을 밟으며
야산 오솔길을 걷는다.
뒤따르는 뉘 있는 것 같아
두리번 기웃 살펴본다.

가을이 완연히 익었구나.
바위틈 난쟁이 들국화
연자주색 앙큼하고
칡넝쿨은 옷을 벗었네.

놀란 족제비 화살 쏘니
도토리 구슬 놀던 다람쥐
두 발로 곡예 하며 도리도리한다.

산 중턱 장끼는 꿩꿩, 헛울음 치고
철부지 송아지 찾는
엄마 소의 부름이 한가롭다.

나를 반기나, 기다렸나
산까치 한 쌍이 두리번 기웃
나뭇가지 옮기며 함께 걷네.

소금

태평양, 대서양, 인도양에서
수십억 년을 살았다.
고래 등을 때리기도 하고
산호초 세수도 시켰다.

호기심이 탈이었다.
어느 재수 없는 날
염전에는 무엇이 있을까?
궁금해서 들렀다가 갇혀버렸다.

쨍글쨍글한 햇볕을 열흘간 견뎠지만
나는 하얀 사리가 되고 말았다.
포대에 담겨 차를 타고 도시로 왔다.

수많은 사람의 식탁에 올라
간을 맞추고 식욕을 돋우었다.

정치인들이 모인 식탁에선
귀신 씨 나락 까먹는 소리도 듣고
연예인들이 모인 레스토랑에선
하얀 속살을 훔쳐도 봤다.
영 재수 없는 일만은 아니었다.

나는 오줌을 타고 나와 강으로 흘러,
언젠가는 다시 바다로 갈 것이다.
가서, 뭍의 전설을 전해 줄 것이다.
염전 근처에는 얼씬도 하지 않을 것이다.

잘못된 우정

사무실 창 샤시 구멍에
벌이 들락거린다.
안에 터를 잡았나 보다.

모기가 들어 방충망을 설치했다.
나는 벌이 드나드는 방충망은 닫지 않았다.
직원에게도 그러라고 일렀다.

처음엔 두 마리였는데
점차 늘었다.
나는 창을 밀고
지켜보는 게 즐거웠다.
땡볕에 속이 뜨거울까 걱정이었다.

어느 날 아침 창을 여니
닫힌 방충망에
벌이 새까맣게 붙어 있었다.
아뿔싸! 얼른 방충망을 열었다.

갑자기 달려들어.
목덜미며 귓밥, 코에다 대고

무차별 침을 쏘았다.

정신을 잃고 쓰러졌다.
구급차의 사이렌 소리가 어렴풋했다.

인생

인생은 결승선 없는 마라톤
애써 뛰지 마세요
걸어가나, 달려가나
누구나 다다르는 곳
그곳은 한 곳 뿐입니다

거북이 만나면 벗하여 걷고
산토끼 만나면 한숨 자고 가고
길섶에 핀 들꽃 어루만지며
쌓인 정담 주고받고 향기 나누며
쉬엄쉬엄 걸어요

너무 빨리 가다 보면
아름다운 세상을 볼 수 없어요
눈 돌려 멀리 보세요
해와 달, 하늘과 별
초록의 산과 푸른 바다
예쁜 꽃, 지저귀는 새
저마다 정다운 사람과 사람들
모두가 소중한 당신의 것입니다

마음이 바쁘면 볼 수 없고
사랑하지 않으면 소유할 수 없는 것들
천천히 걸으며 모두를 즐기세요
인생은 결승선이 없어요

조상님 오신 날

어느 날 고방에 구렁이가 들었다.
쌀독 뚜껑 위에 한가득 똬리를 틀었다.
작대기를 들고 고방으로 가는 나에게
엄마가 소리쳤다.

해코지하지 마라, 조상님이 오신 거다!
지금껏 보지 못한 엄한 표정에
어깨가 사뭇 오싹했다.

엄마는 우물가에서
흰 사기대접을 정성스레 씻은 후
맑은 물 한 대접을 담아
소반에 받쳐 들고 고방으로 갔다.

고방 문 앞에 무릎을 꿇고
두 손을 비비며 뭐라 뭐라 중얼댔다.
나는 구렁이를 보다 엄마를 보고
엄마를 보다 구렁이를 보며
치솟는 긴장과 호기심에 숨이 막혔다.

한참 후 조상님이 얼굴을 들었다.
한숨 자고 일어난 할아버지 표정이었다.
어진 눈이 흑진주처럼 빛났다.
긴 목을 쭉 뽑아 고방을 살피고 난 후
엄마를 향해 서너 번 혀를 날름거렸다.

엄마가 알아들은 것 같았다.
엄마의 목소리가 또렷이 들렸다.
조심히 가이소, 조심히 가이소!

조상님은 쌀독에서 천천히 내려와
보리쌀 독을 타고 콩 독과 팥 독을 지나서
말려 포개 둔 시래기 더미로 사라졌다.
꼬리는 여태 내 가슴에 품고 산다.

여름을 보내며

쨍쨍한 여름 볕이 있어,
풍성한 가을이 옴을
가난한 농부는 안다.

잠시 더움에 짜증 부리는
사람의 어리석음을,
배고픈 겨울을 보낸
참새는 안다.

뭇 나무들이 손 내밀어
한사코 너의 소맷자락을
붙잡는 이유가
속살을 보이기 싫어서임을
바람은 안다.

돌고 도는 계절의 흐름에
손 놓아 너를 보내지만

시월이 다 가기 전에
낙엽을 세며,
나는 또 너를 기다릴 것이다.

청연 青蓮

천년에 한 번 핀다는 전설의 꽃
처연하고 가녀린 푸른 꽃
나는 어느 날 그 꽃을 보았네

산 높고 골 깊어
바람도 자고, 새도 잠든
작은 암자 마당의 조그만 연못에서

반짝이는 작은 칼
떨어지는 머리카락 눈물로 받던
파랗게 질린 얼굴 열여섯 소녀

금빛 날개로
빗겨주고 땋아주던 어미 새는
하늘 높이 날았다

계모 3년
칼날 같은 혀에 베인 가슴을
등 터진 손으로 감싸며 재를 넘었다.

부처님 품에 안긴 여린 비구니
이슬 맺힌 푸른 꽃을
나는 보았네.

초혼 招魂

밤새 대밭 까마귀
슬피 울더니
기와지붕에 적삼 하나 앉았네.

십 년 치매 노 할머니
떠나신 줄 알았는데
젊은 손부 孫婦가 삼베 끈을 매었다네

깊은 정 들기도 전
전선으로 떠나면서
살아서 오겠다던 눈물의 약조.

포연 砲煙에 휩싸여
눈도 감지 못한 채
홀연히 사라진 젊은 영혼

우거진 풀숲 녹슨 철모
임 누워 계신 곳은 알고 갔는지
부디 쉬 만나 꽃과 나비 되소서!

제2부
그리움도 병이어라

그리움도 병이어라

구름 보면 그립다.
바람 불면 설렌다.

꽃 보면 나비 되고
물소리에 종이배 띄운다.

귀를 막아도
두견새 울어

오늘 밤엔 별을 보지 말아야지
보지 말아야지

감고 있어도
아린 눈.

가을밤

달빛은 창호지에 오동잎을 그리고
돌담 귀뚜라미 밤새 울어

이불 깃 뒤척이는 젊은 과수의
얕은 잠을 빼앗는구나.

울어도 불러도 오지 않는 님
오동잎 품고 잠을 청하니

귀뚤아 너도 이제
잠시 잊고 잠드시게나.

개구쟁이

나는 일흔 살 개구쟁이
철이 없어요

봉숭아 꽃잎 따서
손톱에 물들이고

동네 아이들 불러 모아
숨바꼭질하고

해거름, 감나무 밑에 쪼그리고
정거장 바라보며

별나라로 장 보러 간 엄마가
눈깔사탕 사 오기를 기다리는

나는요, 철부지
개구쟁이래요.

겨울비

누가 왔나요.
수은등 파리한 꼭두새벽
나의 창을 두드리는 이
뉘신지요.

사랑하면서
애태우거나
울린 적 없는데
눈물은 또 웬 눈물

멀리서
바라보며
몰래 가슴앓이한
누가 또 있었나요.

눈이 많았던 겨울
젊었던 그해 겨울
사뿐사뿐 함박눈으로 다가왔으면
좋았을 것을

지금 와서
눈물의 노크가
무슨 의미 있나요.
겨울비

그리움 1

보고 싶은 마음 하늘만 하여
내 작은 두 눈에 담을 수 없고

쌓이는 그리움 태산 같아서
가슴은 미어지네.

칠흑의 바다를 밤새 헤매며
눈 감고 빈 하늘 별을 헤인다.

까치

빨간 홍시 하나
장독 위에 두었더니

까치 한 마리
폴짝폴짝 다가와 물어갔네

해마다 해마다 가을은 오고
까만 눈동자 그리움 쌓여

홍시처럼 익은 마음
장독에 올려도

한 번 간 그 까치는
오지를 않네

어느 나무 품속에
둥지를 틀었는지

내 마음 훔쳐 간
얄미운 도둑 까치

꿈

꿈을 꾼다.
꿈속에 꿈을 꾼다.

엄마의 품에 안겨
젖을 먹는다.

하늘에서 왔으니
감사하며 살아라.

사랑의 열매이니
사랑하며 살아라.

꽃의 자식이니
향기롭게 살아라.

엄마의 노래가
어렴풋이 들린다.

멍멍개야 짖지 마라.
꼬꼬닭아 울지마라.

눈썹달

쪽빛 하늘에
눈썹 같은 낮달 두고
새털구름이 표표히 흐른다.

바람 따라가는 구름
잡을 수 없고
켜켜이 쌓이는 그리움
감출 수 없어
배꽃 낮달은 너무 섧구나.

아끼고 숨겨둔 그리움 하나
비단에 고이 싸서
너에게 보낸다.

네 마음 내 마음 다를 바 없어
움푹 파인 빈 가슴
절반이나 채울는지

달빛 사랑

토란잎에 이슬 고인
은구슬같이

깊은 계곡 바위틈
봄눈 녹아 흐르는 물소리 같이

반짝이는 눈동자
청아青蛾한 음성

피고 지고 피고 지고
긴 세월 흘러

야위는 기억 속에
아련한 그리움뿐

연꽃 앉은 작은 연못
달빛만 요요하네.

별 하나

어릴 적 멍석에 누워 쳐다본 하늘
금가루 뿌린 듯 별, 별, 별

내 별은 어느 것일까?
나는 어느 별에서 왔을까?

오랫동안 잊고 살았구나
옥상에 올라 하늘을 본다.

도시의 별들은 다
빌딩 숲에 숨었구나

조용한 암자에 하룻밤 묵으면서
내가 갈 별 하나
정해 두고 와야겠다!

밀밭 길

아카시아꽃 흐드러진 밀밭 길을
혼자 걷는다

마음은 둘이서
사랑하는 사람과 함께

예전에 둘이서 걸었던 이 길
꼭 잡은 작은 손
아직도 따뜻하네

피할 수 없는 삼 년, 너무 길어서
세월이 우리를 갈라놓았네

저만치서 손짓하는 아카시아꽃
서둘러 갔더니 아무도 없고
하얀 미소만 남아 있구나

익은 밀밭에 노을 반짝이고
나는 걷는다,
빈손 꼭 잡고

봄

앞산에 아지랑이
아롱거리면
봄은 벌써
밀물처럼 밀려 와
시골집 마당에 숨어들고

초가 기둥에 기대어
먼 산 바라던
열여섯 살 순이는

설익은 가슴에
그리움 보듬고
알밴 보리밭을
바람 되어 달린다.

민들레 향기는
벌 나비 부르고
열무밭 종달새
쌍쌍이 날아
지지배배 지지배배
봄을 반기네

불씨

가슴 한쪽에 불씨 하나
심지 않았는데
숨어들었나 보다.

안갯속 헤매다가
안개꽃 만나고

구름 속 거닐다가
구름 꽃 만나네.

밀어내도 밀어내도
꿈쩍도 없어

장맛비 쏟아지면
꺼질 줄 알았는데

더욱 활활 타오르는
사랑의 불씨.

산 노루

뜻 모를 기다림에 목이 굽은 산 노루
산마루 꼬부랑 길 저문 볕에 쫓기면서
노을이 그를 삼켜도 돌아설 줄 모르네

밀려드는 어둠살에 모가지를 내젓다가
별 같은 그리움에 목이 쉰 산 노루는
체념의 눈동자로 살얼음을 핥는다.

어머니

홍시가 익는다.
엄마가 웃는다.

홍시가 익으면
엄마는 즐겁다.

나에게 쥐어줄
간식이 생겨서.

선산에 뉘고 온
그리운 어머니.

초저녁

하늘에 달이 둥둥
별이 둥둥
그리움 둥둥

호박꽃에 벌이 붕붕

할머니들 모인 방에
웃음 붕붕
정이 붕붕

방귀 소리 붕붕

천상 재회

마을 뒷동산은 아름다웠다.
네가 술래일 때 나는 큰 나무 앞에 숨었고
내가 술래일 때 너는 잔솔 뒤에 꼭꼭 숨었지만
콩닥거리는 숨결을 따라 쉽게 찾았지.

아버지와 성당에 다녀오는 날
어머니와 불공을 다녀오는 너를 만났지
어른들은 먼 산 보듯 지나치고
우리 둘은 목이 삐뚤도록 쳐다보았지.

두더지처럼 빛을 찾아 헤맨 젊은 시절
내가 신부神父 서품을 받던 날
너는 깊은 산 암자에서 머리를 밀었다지

애정의 강은 쉼 없이 흐르고
강바람 산바람은 어우러지는데
아! 애달픈지고 우리 둘 사이에는
살아서는 건너지 못하는 큰 강이 막고 있었네

나는 그러한데 당신도 그러하다면
양지바른 산기슭 들꽃으로 피소서
나비가 되어 날아가리라

꽃 배 띄워 당신을 품고 그 강을 건너리라
기어코 건너가리라
은하수 너머
사시사철 꽃이 피는 사랑의 동산
우리 둘만의 낙원으로

추억 고양이

나의 고양이는
안개처럼 스며들어
손등을 핥으며 나를 깨운다.

나는 눈을 뜨지 않는다
뜨지 않고도
네가 온 것을 알기 때문에

타다 남은 너의 입김이
안개의 자잘한 기포가 되어
코와 입술을 간질이고

목덜미와 가슴을 거쳐
속으로 속으로 퍼지면
나는 너를 품고

나긋한 수염과
부드러운 등줄기를 어루만지며
수풀 속 작은 연못에 헤엄을 친다.

파밭에서

파전 생각에
소쿠리를 들고 나섰다.

아내가 뽑아주면
털어서 소쿠리에 담았다.

흰 파 뿌리를 보면서
가신 분들 생각이 났다.

눈시울이 아려
하늘을 쳐다보았다.

구름 속에서
두 분이 활짝 웃고 있네

한 방울 뚝 떨어질 때
아내가 쳐다보았다.

파 냄새가 눈에 맵네!

에구, 얼라 같이!

슬픈 사랑

사람이 개를 물었다.
여자가 물었다.
뉴스에 났다.
기자가 물어본다.
어떻게 된 일입니까?
여자는 대답 대신
눈물만 흘린다.
여자는 마흔두 살 돌싱,
애견과 함께 산다.
햄릿을 몰고
산책하러 갔다.
길모퉁이에서
예쁜 암캐가 지나갔다.
서로 꼬리를 흔들며
냄새를 맡고
코를 비비고 난리다.
여자는 머리털이 곤두섰다.
세상에 나를 두고, 너마저도
집으로 끌고 왔다.
코를 물어뜯었다.

제3부

단풍잎 하나

배꼽이 둘이어도 좋다

물 보 터뜨리며 태어나
축포를 울린 지 어언 칠십 년
왔던 길 돌아보니 아득하다

얽히고설킨 여러 갈래 길
바람에 나부끼는
노랑나비 떼의 서투른 날갯짓들

남은 길은 외길, 나만의 길
쓰고 또 써야 한다.
막다른 골목에 다다르기 전에

다시 한번 물풍선을 터뜨리자
큰 소리로 울어 속살을 내보이자
배꼽이 둘이어도 좋다.

단풍잎 하나

문틈으로 날아든 단풍잎 하나
문득 생각나
책장의 빛바랜 책 한 권을 꺼냈다.

늘 창백했던 이웃집 소녀
여고 1학년에 휴학을 했다.
며칠간 뵈지 않아 궁금했는데
감색 교복을 태우고 있었다.

눈물로 얼룩진 소녀의 엄마가
내게 건네준 책 한 권
"총각이 오면 이걸 전해주라고 해서"

받아드는 손이 가늘게 떨렸다.
헤르만 헤세 님의 데미안,
책갈피 속에
아! 아직도 있구나. 빨간 단풍잎 하나
메모지도 그대로네

　"오빠! 오빠라 불러도 되죠?
　　그동안 아저씨라 불러 죄송해요.

나 이제 가야 한대요.
백혈병이 재발했다네요.
아모레 제과점 빵 정말 맛있었어요.
오빠가 진짜 시인이 되면
단풍잎 하나, 꼭 시로 써주세요.
태어나서 처음으로,
죽기 전에 마지막으로 말해도 되죠
오빠! 나 오빠를 좋아했나 봐요"

수십 년의 세월이 흘렀구나.
내가 너무 늦게 시인이 되어
이제야 쓰게 됨이 미안하구나.

병 없는 나라에서 지지 않는 꽃이 되어라.
못다 피고 떨어진 단풍잎 하나!

가을 편지

노오란 은행잎에
그리움 적어

빨간 우체통에
고이 보낸다.

받아보는 뉘 있어
답장이 오랴 만은

가을바람에
국화 향기
소문이나 실려 올지.

가을 벤치

란蘭!
국화 향기 그윽한 공원으로 오너라
너도 시를 좋아하지 않느냐

가을의 숲은 어머니 품처럼 아늑하다.
벤치에 앉아 사방을 보면
살아있는 시가 춤을 춘다.

쪽빛 하늘에 표표히 흐르는 구름
숲에서 조잘대는 멧새의 노랫소리

바람에 나뒹구는 낙엽의
애잔한 속삭임

단풍잎 안고 졸졸 흐르는
개울물 소리가 모두 시고 노래다.

蘭! 공원의 벤치로 오너라
나란히 앉아
떨어지는 낙엽의 춤사위를 보며
우리도 한 편의 시가 되자.

눈물 꽃

손자에 손 끌려
들에 나갔다.

구름 가리키며
손자가 묻는다.

하늘에 살고 싶다.
할미는?

대답을 못 하네
금쪽같은 너를 두고

서쪽 하늘에
노을이 애처롭다.

주름진 눈시울에
눈물 꽃 맺혀

떨어지는 석양에
반짝였다.

도라지꽃

아기 잠든 돌무덤에 도라지꽃이 피었다.
돌부리에 고개를 내밀고
보라색, 하얀색이 나란히 피었다.

보라색 저 빛깔은 누구의 멍이고
하얀 꽃잎에 방울진
저 이슬은 누구의 눈물인가.

마마며 홍진이 동네방네 휩쓸면
텃밭에 무 솎듯 벗어버린 아가들

세 발짝도 걷지 못한
아기의 넋이던가.
가슴까지 묻고 간 엄마의 한이던가.

등 넘는 바람은 머뭇거리는데
소꿉장난 아기 꽃은 한가롭구나.

모두 털고 가소서

한 손에 지팡이
한 손에 봇짐 들고
절뚝이는 할머니

내 것이 아닌 것을
내 것이라 고집하며
힘들어하시네

무거운 그 보따리
그만 내려놓으소서

머잖아 힘 빠지면
모두가 빈손인 것을
네것 내것이 무슨 소용이겠소

사랑도 걱정도 무거우니
모두 털고 가소서

바람아!

앞들
보리밭에 바람이 분다.

파도치며 내닫는 봄바람아
언덕 아래 순이네는
비켜 가 다오.

수줍음 많은 순이
얇은 치마 펄럭이면
허벅지 감추며 얼굴 붉히고,

옆집의 돌쇠놈
담 너머 훔쳐보며 킬킬거릴라.

바람처럼

꽃처럼 살자 하니
쉬 짐이 아쉽고

물처럼 살자 하니
낮은 곳으로만 흘러

모두 다 털고
바람처럼 살아야지

산 넘고 물 건너
가고픈 곳 다니면서
철 따라 피는 꽃에 입맞춤하고

고운 님 집 마당에
낙엽이 쌓였으면
몰래 살짝 쓸어주고 와야지

여름

아따 덥다.
푹푹 찐다.
삶는다.

하늘도 여름인가 봐,
낮달이 홀랑 벗고
흰 살갗 내놓았다.

지난겨울
삼베 포대기에 담아놓은
찬바람 내다 팔아
옆집 할머니
선풍기 한 대 사드려야겠다.

젊은 사람이 마음씨도 곱제,
칭찬 한번 듣고 싶다.

소리

겨울밤이 깊어간다.
마당에는 앙상한 감나무 그림자가
달빛에 춤을 춘다.

소리가 들린다.
앞 동네, 뒷동네, 먼 동네
소리가 들린다.

딱, 딱, 따다닥 딱
겨울밤의 고요를 깨고
방망이 소리가 들린다.

딱딱 들리는 저 소리는
혼자서 하는 방망이질이고
따닥따닥 저 소리는
양손에 방망이를 두들기는 소리이고

따다닥 딱 따다닥 딱 저 소리는
모녀가 마주 앉아
양손에 방망이를 들고
두들기는 소리가 틀림없다.

척척 맞는 박자를 따라
겨울밤은 깊어가고
먼 동네 방망이 소리는
재 너머 기차의 기적 소리 마냥
아련했다.

여름밤

냇가에 멱감고 돌아와
쑥 냄새나는 멍석에 누워
손가락 베개를 하고 쳐다봤다.
하늘이 참깨를 널어놓은 것 같다.

별에는 누가 살고 있을까?

빨랫줄 장대를 뽑아
하늘 배꼽을 쑤셨다.
갑자기 우두둑 우박이 쏟아졌다.

나는 깜짝 놀라 얼른 방으로 갔다.
삼베 홑이불을 머리까지 썼다.

막걸리 한 사발,
아버지가 코를 골든 말든
나는 잤다.

성난 별들이 방으로 쳐들어오는
꿈을 꾸었다.

원

책상 위에 도화지 한 장
손자가 두고 갔다.
할비가 그리고 싶은 거
그리라고 했단다.

딱히 그릴 만한 게 없다.
미래를 그리자니 너무 늦었고
과거를 그리자니 내세울 게 없다.

일주일째 되는 날
원을 하나 그렸다.
액자에 담아 벽에 걸었다.

빈 원이지만 없는 게 없다.
부모님도, 형, 누나도 살아서 온다.
어릴 적 친구, 추억도 있다.

잠자리가 날고 시냇물도 흐른다.
생각하는 모든 것이 그림이다.

무엇을 그리든 다 받아주는
저 원이 너무 좋다.

자유

새가 아름답거든 놓아주라.
추억이 아름답거든 날려 보내라.

네가 좋다고
잊기엔 아쉽다고
가두어 두면 모두가 쓰리고 아프다.

문을 열고 훨훨 날려버려라.
새가 푸른 하늘을 날게 하고
네 영혼이 자유로이 날게 하라.
태양을 향하여
빛을 향하여

아름다운 세상
한 번뿐인 여행
누구의 눈치도 보지 말고
자유를 만끽하라.
너의 삶은 오롯이 너의 몫이다.

봄 마당

돌담 밑
머위는 새싹이 돋았네

멍멍이는 제 그림자 잡으려
뺑뺑이 돌고

송아지 깡충깡충
곱사놀이 한다.

수탉이 푸드덕 홰를 치니
암탉이 무릎을 꿇고

살구나무 꽃가지에서
참새가 날개를 포갠다.

게으른 농부도 농기구 앞에서
하품하며 기지개 켜네

삼베적삼

아버지 가신 후
다 불사르고
적삼 하나 남기셨나 보다.

해마다 초여름에
벽에 걸어두신다.

입고 빨고, 빨아 입고
여름 내내 외 벌 옷

벼 냄새가 난다.
보리 냄새가 난다.

땀 냄새가 나고
소금 냄새가 난다.

긴 세월 쌓은 정
가슴에 품으신 게지!

진실

이 세상에서
선택의 여지가 없는 것

그것은,
오직 하나 죽음이다.

이르노니
시간을 낭비하지 마라.

초로初老

오름도 내림도 어중간한
태산 중턱에 날이 저문다.

숲과 바위 가로막아
쉬 갈 길 보이지 않는다.

방전된 핸드폰 꺼내 들고
희미한 번호 더듬어 보지만
공허한 메아리뿐.

산 너머 등 너머
먼 산에 앉은 노을
나를 불러 손짓하네

노을아, 노을아, 꽃노을아!
너 잠시 빌려 타고
남은 여행 함께 하면 좋으련만.

황혼의 블루스

바람 따라 구름이 흐르고
구름 따라 세월이 흐르고
흐르는 세월 따라 청춘도 갔다.

청춘을 따라 정열도 가고
정열을 따라 사랑도 갔네.

텅 빈 거실에
낡은 축음기를 켜고
황혼의 블루스를 튼다.

빈 가슴에 님을 품고
스텝을 밟아 본다.
발이 자꾸 꼬인다.

비 오는 날의 열린음악회

거센 소나기가 쏟아졌다.

양철지붕이 피아노를 치니
큰 매미가 첼로를 연주하고
작은 매미가 바이올린을 켰다.

맹꽁이가 색소폰을 연주하니
청개구리가 트롬본을 불고.

토란잎이 기타를 치니
똥개가 심벌즈를 쳤다.

염소가 아코디언을 켜니
참새가 짝짝이를 치고
황소가 큰북을 때렸다.

제4부
슬픈 모과나무

겨울밤

반달이 유난히 창백한 겨울
호롱불이 꺼지고
적막한 밤이었다.

대밭에 삵이 들었나,
도둑괭이의
비단 찢는 비명이 들리고,

참나무 가지에서
파닥 파다닥 비둘기들의
날갯짓 소리가 요란했다.

부엉이가 날고
대밭 집 개가 짖어댔다.
이불 뒤척이던 청상靑孀도 울었다.

설날이 오면

섣달이 깊어 그믐달이 뜰 때쯤 되면
엄마와 누나는 설 준비에 바빴다.
생선을 베어 소금에 절이고
콩나물에 물을 주고,
누룩을 씻어 단지에 술을 담고
질금을 고아 단술도 만들고
무를 썰어 식혜도 담고 조청도 만든다.

찐 밥을 말려 박상을 틔기고
조청에 버무려 손으로 꼭꼭 찝어
강정도 만든다.
나는 강정을 만들 때가 가장 즐거웠다.

또 밭이 많은 큰집에 가면
콩강정, 들깨강정, 참깨강정을
먹을 것을 생각하며 마음은 벌써
설날 큰집에 가 있는 것이다.

부산에 취직 간 형들이 오면
알록달록 양말 한 켤레를 사서 오면
방패연을 만들어 주고 가오리연도 만들어 주고

실도 한 움큼 사 줄 것이다.
방패연이 달음산 꼭대기에 걸리는,
또 꼬리가 잘린 가오리연이
뱅글뱅글 도는 모습도 생각하며 즐겁다.

손가락을 접으며 세어본다.
하나, 둘, 셋, 아직 세 밤이나 남았다.
나는 세 밤 동안 잠을 설칠 것이다.

광안리 연가

용의 품에 안긴 듯 광안리 밤바다.
휘황한 조명에 금빛으로 출렁이고

파래 냄새 따라
바다의 전설이 실려 온다.

달빛 아스라한 백사장
젊은 날의 밀어가 이슬처럼 내리면

그 한 마디 줍기 위해
나는 모래톱을 헤적인다.

정 나눈 한 잔 술
새벽달 기울고 눈까풀 무거운데

춤추는 대교의 불빛이
나를 깨운다.

내일은 또 다른 태양이 이글거리고
싱싱한 물고기들이 파닥이겠지.

조롱조롱 일렁이는 광안리 밤바다
분홍빛 물들이며 여명이 튼다.

통곡의 계곡

어머님 가신 후
제대로 울어본 적이 없다.
가끔 눈물샘이 끈적이고
코끝이 찡하지만
솟아나지 않는다.
가슴이 너무 메말랐나 보다.

칠십 평생에 지은 죄도 많다.
무심코 꽃을 밟고
까치집에 돌팔매질도 했다.

사람과 사람 사이
보낸 미소가 화살 되어 돌아올 때,
쌓인 미움과 애증의 찌꺼기들,
비우고 털기가 너무 힘들다.

남은 눈물을 가져갈 수는 없지
아무도 보지 않는 계곡
한나절 통곡하며 눈물을 쏟고 싶다.

미움도 쌓인 한도 다 씻고
가는 발걸음 가볍게…

도축장 풍경

도축장에는 소들의 대기실이 있다.
창살을 친 우리 안에
소들이 20여 마리 차례를 기다린다.

자신들의 처지를 아는지
눈물 자국이 턱 밑까지 그려져 있다.
내다 판 주인을 야속해하며
또 한편 그리워하며 우는 것이다.

사십 마지기 농사를 지으며
쟁기를 끌던 일과
하루 일을 마치면 고생했다고
목덜미를 만져주던 주인의 손길과,
꼴을 챙겨주던 열 살짜리
그 집 아들을 생각하며 우는 것이다.

또 산동네 우람한 황소도 생각하고
두고 온 다 큰 새끼도 생각하고
여름에 풀을 뜯던
앞산을 생각하며 우는 것이다.

호박과 고구마 줄기를 여물에 섞어
유달리 맛있게 끓여 준 아침밥에
고마움을 느끼면서
꾸역꾸역 되새김질하며 우는 것이다

문패 門牌

우리 동네 어귀에
아담한 이 층 집 한 채가 있다.
영감 한 분이 살았다.
대문 기둥에 문패가 있었지만
뒤집어 걸려 있었다.

영감은 지독한 구두쇠였다.
아내는 구박을 못 이겨 집을 나갔다.
억수같이 쏟아지는 비를 맞으며
오천 원짜리 영수증을
받아와 바친 날 짐을 쌌다.

엄마가 나간 후 아들도 나갔다.
엄마를 따라갔다는 말도 있고
어디서 자장면 배달을 한다는 말도 있었다.

막노동으로 돈을 좀 모은 영감은
그 집이 유일한 재산이다.
담벼락에 이웃집 개가
오줌이라도 쌀 때는 난리가 났다.
이웃에게 영감의 별명은 독사였다.

어느 날 구급차가 오고
동 사무소 여직원이 수첩에 무언가를 적고,
동네 사람들이 모여 웅성웅성하던 날,
대문 옆에 걸렸던 문패가 떨어졌다.
적힌 이름을 보니 고독사孤獨死였다.

소크라테스

공원 벤치 옆에
소크라테스 흉상이 있었다.

옆의 작은 표지판에

테스의 말씀을 듣고 싶으면
500원 동전을 입에 넣고
코를 만지세요.

나는 동전이 없어
그냥 코를 만졌다.

테스의 엄숙한 목소리가
들렸다.

당신도
사형당할 수 있음을 알라!

갑자기 손가락이 따끔따끔했다.
죄를 짓지 말아야지!

시인의 손가락

시인의 손가락은 거미의 꼬랑지
끈끈한 진액을 짜내 거미줄을 친다.

바람은 스쳐 지나가고
별 나비는 비켜 갈 것이니

누가 그물에 걸릴지는
생각하지 않는다.

흔들리는 영혼, 외로운 누군가가
잠시 붙어 머무를 때,

진액의 향기와
짜내는 고통을 함께하며

발길 머뭇거리는
그런 사람 있을 테니까.

슬픈 모과나무

나는 험한 바위틈에서 태어났다.
비가 올 때 몇 모금 물을 마시고
참고 참으며 가뭄과 추위를 견뎌 냈다.
나는 난쟁이가 되었지만
아랫도리는 팔뚝만큼 굵어졌다.

나도 몰래 꽃이 피고
가느다란 가지에 열매를 달았다.
어느 날 분재盆栽꾼이 왔다.
음, 돈이 되겠군!
뿌리째 파서 비닐하우스로 갔다.
온몸에 구리철사를 엮어 멋진 화분에 심었다.

돈 세는 소리를 듣는 날
나는 고급 차를 타고 출근했다.
회장님 탁자에 앉았다.
회장님은 바빴다.
변호사를 불러 불법을 합법으로 하는
방법을 의논하고
회계사와 함께 탈세를 의논하고
전무를 불러 어떻게든
코 묻은 서민의 돈을 후릴지를 의논했다.

그리고는 마지막 한 가닥 양심으로
나를 은근한 눈으로 내려보며
어루만지고 세수도 시켜주고
자신의 성공을 자축하는 것이다.

나는 진절머리가 난다.
철사 옷을 벗고 싶다.
하루빨리 고향으로 가고 싶다.
시원한 바람에 새소리를 들으며
아침이슬을 마시고 싶다.
어서 가야 한다.
바위틈 고향으로, 고향으로 가야 한다.

월하취담 月下醉談

돌아앉은 외딴 섬 무인도에
밤이 되니 달이 뜨고 별이 빛났다.
라면을 끓이고 소주병을 땄다.
달을 쳐다보니 이백이 생각났다.
같이 한잔했으면 좋으련만

억새 풀 스치는 소리에 뒤돌아보니
허름한 영감 한 분이 다가왔다.
뉘시오?

나 당나라에서 온 이태백이오.
아이고! 시성詩聖님께서 어떻게 먼 길을
그대 술잔에 앉은 달을 보니 참을 수가 없어서

주고받고 받고 주고 여남 병을 마셨다.
신라에도 신선이 있었구려!

어찌 당에만 신선이 있으리까
달빛에 목욕하고 별빛에 화장하면
다 신선이지요.

둘이서 잔을 나누다니 꿈만 같습니다.
어찌 둘뿐이겠소
하늘에 달이 있고 그대 잔에 내 잔에
그리고 저 바다에도 달이 있잖소!

핸드폰이 떨어 열어보니
두보가 문자를 보내왔다.

〈달빛 어린 외딴 섬에 두 신선 마주 앉아
 주거니 받거니 술잔 나눠 시 읊으니
 천세에 길이 남을 한 폭의 그림이로다〉

저 멀리 북쪽에는

영변의 약산 진달래는
방사선에 시들고
정주 읍 여우 난 골에는
여우가 살지 않는다

비둘기는
송골매가 다 잡아먹고
말하는 앵무새는 일성매가 잡아벅고
소월의 접동새는 정일매가 잡아먹고
백석의 물닭은 정은매가 잡아먹었다.

깊은 산골 너와집
자유의 호롱불은
공산당이 잡아먹었다.

자유가 사라진 곳
저 멀리 북쪽에는
백성들의 소리 없는 아우성
고요만 있다.

숯덩이

가다가
길 가다가
나를 보아도 아는 체 마세요

눈 덮인 하얀 언덕에
둘만 있을 때도
그대 나를 아는 체하지 마세요

그대 떠나 텅 빈 가슴이
빨갛게 빨갛게 타올라
숯덩이가 되었어요

천상으로 가는 엘리베이터에
단둘이 탔을 때도
그대 나를 아는 체 마세요

그대 앉을 자리 이미 없어요.

커피

내 친구는
수만 리 타국에서 왔다.
아프리카에서, 남미에서
얼굴이 검게 탄 아낙네와
눈이 크고 손등이 검은 아이들의
부드러운 손길과 사랑을 받으며 자랐다.

향기로운 꽃을 피워 열매를 맺고
짱글짱글한 햇볕에 빨갛게 익어
덕장에 잡혀가 불살에 까맣게 볶여서
큰 배를 타고, 비행기를 타고
지구의 동쪽 끝 여기까지 왔다.

원두로 혹은 가루가 되어
유리병에 담기거나
설탕과 함께 작은 포에 담기어
나를 찾아온 것이다.

친구야 너는
뜨거움을 피할 수 없는 운명이다.
햇볕의 뜨거움과

덕장의 열기를 이겨내고
또 뜨거운 물에 샤워를 해야한다.

그 뜨거움을 이겨냈기에
하루에도 몇 번씩 입을 맞추며
나는 너를 사랑한다.
코끝과 혀끝에 서서히 퍼지는
너의 향기를 사랑한다.

별 사랑

나의 별은 밤에만 온다.
깜깜한 밤에 왔다가
동이 트기 전에 가고 없다.

낮에는 별만 생각한다.
별을 생각하는 낮이 너무 길다.

만남과 이별이 엇갈리니
너무 아프다.

너를 붙들어야 하는데
어떻게 하면 잡을 수 있을까?

너를 품을 수 있고
떠나지 않는다면
내가 차라리 어둠이 되리!

여백 餘白

서둘러 살아온 삶
뒤돌아 아득하지만
아직 한 줌의 꿈이 남았다

가슴에
흰 도화지 한 장을 심자
여백을 만들자

남은 열정을 가다듬어
소망을 담자

빛나는 별
향기로운 사람들

꽃과 나비
소리와 빛
그림을 그리고 시를 쓰자

돛단배

나는 돛단배,
황포돛 드리우고
백사장에 앉아
무작정 기다린다.

언젠가 물 들고
순풍이 불면
나는 떠날 것이다.

수천 리 남태평양
아무도 살지 않는 섬
꽃 피고 새 울어
젖과 꿀이 흐르는 땅
나만의 파라다이스

산호초 벗하여
조가비 따먹으며
학처럼 살아야지.

물새의 노래

흐르는 강섶에
갈대는 춤추는데

우직한 강 바위에 울고 있는
물새 한 마리

임 실은 그 배는 언제 오려나
석양은 뉘엿뉘엿 지고 있는데

강바람아 가다가
황포돛 만나거든

나 예서 기다리니
싸게 가라 일러주오.

동동구루무

신작로 따라 논두렁 따라
장터마다 마을마다 동동구루무

구루무 통 짊어지고
북 하나 달고

옮기는 걸음마다 동 동 동
조선팔도 암행어사 동동구루무

산동네 외딴 주막
막걸리 한 잔

잠든 과수 머리맡에
큰 동 구루무 하나 두고

훠이훠이
아침 길 떠난다.

동동 도도동 동동 도도동
발걸음 가벼워진 동동구루무

모녀 母女

진종일 풀 뜯은 엄마 소
팽팽한 큰 북 무거워
어기적어기적 걷는다.

딸 송아지
통통 불은 엄마 젖 쳐다보며
조롱조롱 따라간다.

타조의 눈물

타조는 행복했다.
튼튼한 다리로
모래밭을 달리며 우쭐댔다.
하늘 높이 날겠다는 꿈도 있었다.

구름을 쳐다보며 시를 읊고
달밤에 그림자와 춤도 추었다.
최고의 시인이고 댄서라고 자부했다.

어느 날
모래톱에서 거울 하나를 주웠다.
봉황을 상상하며 쳐다보았다.
이게 웬일인가?
새도 아닌 것이, 짐승도 아닌 것이
날개는 반쪽이고 목에는 털도 없다.
다리는 왜 이리 굵은가!

펭귄을 조롱했던 자신이
한없이 부끄러웠다.
시도 댄스도 물거품이 되었다.
우물 같은 눈에서 물이 넘쳤다.

뼈를 깎는 다이어트와 함께
간절히 기도했다.
새가 되게 해 주세요.
진짜 시를 쓰게 해 주세요.

그리고 맹세했다.
언젠가는 훨훨 날아
알프스로 갈 것이다.
눈 덮인 몽블랑에 스키를 타고
호숫가 별장에서 밤새 시를 쓸 것이라고.

제5부
노을에게 길을 묻다

계절은 속절없이

낙엽 소리에
가을 마중 나갔더니

백마 한 마리
찬바람 몰고 왔네

백마인 줄 알았더니
흰 눈이었네

꼬리에 달린 줌치
살짝 열어보니

민들레 한 송이
방긋 웃었네

이방인

7월의 거리에
얼음폭포 같은 햇볕이 쏟아지고 있다
나는 긴 털외투를 감싸고
에스키모의 얼음 굴을 걷고 있다

전광판에 뛰노는 AI 로봇들
달에다 공장을 짓는다는 뉴스 자막
나날이 건너뛰는 반도체의 D램 번호
평생 쌓은 지식은 쓸모없는 먼지다

문명은 빛의 속도로 달아나고
거리엔 눈을 부릅뜬 짐승들
나는 빨간 신호 깜빡이는 네 갈래 길에
서성이는 이방인

세상이 점점 낯설어 간다
내가 아는 사람들은 다 어디로 갔는가.
단절과 고립, 회한이 부르는 허무
7월의 햇볕에도 추위를 느낀다

이제 어디로 가야 하나
왔던 길로 돌아가자
서둘러 돌아가자
차라리 나의 작은 이글루가 더 따스하다.

소나기

유월 햇볕 쨍쨍한 논에서
보리타작을 하고 있는데

갑자기 먹구름 한 묶음이 몰려오고
세찬 소나기가 쏟아졌다.

아버지는 허둥지둥 바쁘셨다.
나는 보릿짚 더미에 숨을까 생각했다.

다행히 소나기는
도랑 너머로 스쳐 지나갔다.

여름 소나기는
황소 등 절반만 적시는 수도 있는기라.

아버지가 크게 웃었다.
나도 따라 웃었지만, 괜히 미안했다.

나눔

모기야 나는 네게
나눌 준비 돼 있다.

빨대 꽂는 따끔함도
참을 수 있다

사이렌 소리만은
질색이구나

잠잘 때 살짝 와서
한 모금 빨고 가렴

하루를 살아도
배불리 살아야지

넉넉한 저녁

뽕나무밭에서 오디를 실컷 따먹고
입술이 검붉게 멍들어 집으로 왔다.

멍멍이는 노을을 삼켰는지
눈이 벌겋다.

논매러 간 오리는
미꾸라지를 얼마나 잡아먹었는지
축구공이 되어
뒤뚱뒤뚱 걸어왔다.

집 집마다 양철 굴뚝에서는
저녁밥 짓는 연기가
뭉글뭉글 피고 있었다.

노을에게 길을 묻다

흐르는 구름처럼
청춘은 흩어지고
사랑도 갔다.

허허로운 마음 갈피를 못 잡고
추억의 광야를 헤매보지만
길은 보이지 않고 날이 저문다.

서쪽 하늘에 노을이 떴네.

노을아, 꽃노을아
너에게 묻노니

너처럼 곱게 익으려면
어느 길로 가야 할꼬.

주남호에서

수천 년 벗고 앉은 어머니의 품
호반에 피었던 물안개 걷히고
하얀 치마 물질하는 구름 그늘에
도란도란 사랑 노는 물새의 노래

작은 배 노 젓는 그을린 여인
꽃댕기 풀어준 서방님은 멀리 갔는가?
수백 년 이어온 민생의 젖줄
물고기는 알면서도 그물에 들겠지

낙조落照 스며 유혹하는
황금빛 보료에 귀를 포개고
아, 한숨 자고 싶어라!

해마다 읊고 간 철새의 사연
태초에 너 생겨난 전설과 함께
물메기 사랑 노래 듣고 싶어라.

묻는다면

묻는다면
아름다운 초록 별
지구에서 살다 왔노라.

묻는다면
마시는 물과
숨 쉬는 공기가 맛있었노라.

묻는다면
빛光 색色 소리音 냄새香氣가
좋았노라.

묻는다면
그저 하염없이
사랑하다 왔노라.

인생의 의미

진즉에 내가 알았더라면
남의 꽃밭에
물을 뿌리지는 않았겠지.

그리고 또 한 번 알았더라면
이웃집 옥수수밭에
오줌을 싸지도 않았을 텐데

이제 와 곰곰 생각해 보니
인생은 오직
자신을 가꾸는 농사였더라

조금만 거름해도 피어나는
마음의 자유와 평화
두려움도 부러움도 없으라!

목줄

당신이 이겼어요
작전이 성공했네요

떠나지 말라고
헤어지지 말자고

두 눈에 이슬 달고
애원하더니

목줄 하나 묶어놓고
어디에 있나요?

멀리서 훔쳐보며
웃고 있나요.

이 목줄 다 닳을 때까지
미운 마음 삭이며 웃어 살리라.

또 다른 나

그 사람 잊은 것이
어제오늘 일이 아닌데

밤마다 먼 길 떠나는
나는 누구인가요

깜깜한 밤 이웃집 개가 짖어도
나는 아니오

그대 잠든 창가
커튼 사이로 스미는 달빛도
나는 아니오

이른 아침 헝클어진
머리카락을 빗겨주는 바람도
나는 아니라오

싸늘한 창가
새벽달 쳐다보며

미운 마음 삭이고 삭이는
그가 바로 나입니다

달음산의 봄

달음산 마주 보는 초가삼간
옹이구멍 숭숭한 마루에 앉아
앞산 바라보는 까까머리

달산마을 윗동네에
산발한 아지랑이 광대춤을 출 때
달음산에 걸터앉은 구름 한 묶음
스르르 안개처럼 내려와
수천 마리의 나비가 되고

함박눈처럼 쏟아져 마을을 덮치면
나는 그만 정신을 잃고
나비 떼 속에 뒤뚱거렸다.

살랑대는 봄바람이 나를 깨워
정신 모아 살펴보니
노오란 유채꽃에 앉은
나도 한 마리 나비였어라!

다람쥐 사랑

바람
우루루

꿀밤
후두둑

여보
저녁엔

밥?
묵?

묵
막걸리

또
못 자겠네!

그리운 소리

그리 멀지 않은 옛적에
정다운 소리가 있었다.

딸랑딸랑 딸랑 아침을 여는 소리
두부 싸려!

깊은 밤 고요를 헤집는
찹쌀~떠-억!

사립문 들어서는 씩씩한 암소의
짤랑짤랑 워낭소리

땡땡땡, 때댕 때댕
수업을 알리던 학교의 종소리

손 씻고 밥 먹어래이!
사랑 가득 정다운 엄마의 목소리

귓전을 맴도는,
지금은 사라진 그리운 소리

개여울 길

개여울 길 걷는 때는 너무 좋아라
혼자 말고 둘이서
손잡아 걸을 때

물 섶 개나리 진달래
어우러 피고
미나리 움 돋는 개울

길가 논에 핀
자운영 분홍 꽃에
나비 날아 쌍쌍이구나

어제는 너희가 부러웠지만
나는 이제
내가 부럽다

잡은 손 나비보다 부드럽고
그 향기는
봄꽃들을 꿇어 앉혀라

앞산 뒷산에 우는 두견아
네 우는 마음 알 듯하지만
나는 이제 울 일 없어라

개여울 길 걷는 때는 너무 좋아라
혼자 말고 둘이서
손잡아 걸을 때는

까치도 거짓말 하는가

까치도 거짓말 하는가
까치도 거짓말 하는가

반가운 손님이 오신다던
옛말도 거짓말인가

동트는 꼭두새벽 감나무 가지에서
까치 떼 울어대길래

기다리고 기다리던 그 사람
오시려나 했는데

바람만 휑하니 불고
오늘은 우체부도 오지 않네.

그리움 2

생각하면 그리워
잊으려니 더욱 생각나

앞산 뒷산, 님 불러
우는 뻐꾸기

너는 어찌 울어도 눈물이 없고
그 목소리 노래이더냐

나는 그리워도 울지 못해라

흐르는 눈물 여울이 되고
서러운 소리 땅을 헤집어

달빛은 장독 뒤에 숨고
애꿎은 오동잎 따라 울어라

나이의 셈법

칠순 고개도 훌쩍 넘어
칠순과 팔순의 중간에서
달력이 한 장 남았다.

있는 나이에 일 년을 더하자니
지나온 세월이 너무 무겁고
살아갈 날에서 일 년을 빼자니
남은 날이 너무 가볍다.

내 나이 사십여 일 때
술잔을 먼저 받으면
노숙해 보인다고 그저 즐겁고

내 나이 육십여 되어서는
술잔을 늦게 받으면
젊어 보인다고 즐거워했지

이제 똑같이 주름진 얼굴에
네 먼저 내 먼저 할 일도 없고
무심히 흐르는 세월

다 잊어버리자
시계도 보지 말고 달력도 걸지 말자
그저 한 칠십여 되었거니 하고 웃고 살자.

부채

곧고 푸르던 몸
잘리고 쪼개고 깎이어

매화조梅花鳥 곱게 그린
비단 품에 안기었구나

그려 핀 매화 향기 코를 헤집고
가지 앉은 참새의 노래 귀에 즐겁네

새아씨 보드란 손
살랑살랑 노 저으니

네 살은 대밭에 일던 속삭임
솟은 땀 씻어주는 바람이어라

첫 시집을 내며

아! 어렵구나, 시를 쓴다는 것은
내가 읽으려 쓸 때는 몰랐는데

시집을 낸다는 것은 독자에게
나의 속살을 내보이는 일

두렵다, 두렵고 긴장된다
손수건 달고 입학 드는 아이처럼

진실해야 한다
한 점 부끄럼이 없어야지

세상 모두를 사랑하고
가슴에 곱게 품자

아이의 눈으로 하늘을 보고
바람에 실려 오는 새들의 노래를 듣자

고운 빛 꽃을 보면 마주 웃고
구름 타고 은하수에 헤엄도 치며

허물을 벗고
장대 끝에 휘날리는 깃발이고 싶다.

| 작품해설 |

회상적 자아에서 현실적 자아까지

송 명 희
(문학평론가, 부경대 명예교수)

〈작품해설〉

회상적 자아에서 현실적 자아까지

송 명 희
(문학평론가, 부경대 명예교수)

1. 들어가며

　『문학도시』로 등단한 신문홍 시인이 첫 시집을 상재한다. 기초의회의 의장을 지냈고, 한 기업체의 대표이기도 한 그는 시집의 서문에서 다음과 같이 말한다.

　　　나이 들어 시를 쓴다는 것은 쉬운 일이 아니다. 좋은 시를 쓴다는 것은 더욱 그렇고, 이쁘고 감동적인 시를 쓴다는 것은 더더욱 그렇다.
　　　남녀노소 누구나 읽으면 바로바로 감동을 느낄 수 있고, 다시 한번 읽고 싶어지는 그런 쉬운 말로 시를 쓰고 싶다.

　그가 지향하는 좋은 시는 전문적이고 고차원적인 시가 아니라 남녀노소 누구나 바로바로 감동을 느낄 수 있는 쉽고 대중적인 시이다. 그는 시가 독자들로부터 점점 멀어질 것을 염려하며, 독자와 적극적으로 소통할 수 있는 시를 쓸 수 있기를 소망한다. 이러한 태도는 기초의회 의장을 지냈고, 기업체를 경영해 온 그가 걸어온 생애로부터 나온 것이라고 생각한다. 주민과 적극적으로 소통해야 하는 정치, 소비자의 욕구를 적극적으로 충족시켜 줘야 성공할 수 있는 기업 경영을 해온 사람으로서 문학의 주민과 소비자에 해당하는 독자와 적극적으로 소통하고 감동을 줄 수 있는 시를 써야 한다고 본 것이다.

그의 말처럼 문학을 하는 이들이라면 독자라는 요소를 결코 무시할 수가 없다. 더더욱이 문학이 자본주의 시대의 문화상품의 하나가 되어버린 지 오래인 만큼 문학의 소비자에 해당하는 독자라는 요소를 간과하면 문학은 망해버릴 수밖에 없을 것이다. 어쩌면 독자라는 요소에 무관심해 온 결과 오늘날의 문학은 시장에서 유통되는 상품이 아니라 문학인들 내에서 돌려 읽고 마는 소수자의 것으로 전락하고 말았는지도 모른다.

문학은 작품을 중심으로 그것을 창작하는 작가가 있고, 그 작품을 읽는 독자가 있고, 그것을 산출하는 세계가 존재한다. 작품, 작가, 독자, 세계는 문학을 보는 4가지의 관점을 제공한다. 에이브럼스(M.H.Abrams)는 이러한 관점을 중심으로 '세계' 중심의 모방론, '독자' 중심의 효용론, '작가' 중심의 표현론, '작품' 중심의 객관론(존재론) 등 네 가지의 이론을 정립했다.

독자를 중시하는 신문홍 시인의 태도는 효용론에서 문학을 바라보는 관점에 가깝다. 효용론이란 한마디로 작품이 독자에게 주는 효과인 감동(교훈과 쾌락)에 가장 큰 가치를 두고 작품을 창작하는 태도이다.

하지만 작가의 입장에서 보면 문학은 일종의 자기표현이다. 의식적이든 무의식적이든 문학작품은 작품 속에 자신을, 즉 자신의 감정과 생각을 표현하게 된다. 이러한 관점을 표현론이라 이른다. 객관론은 작품을 시인·독자·세계 등으로부터 떨어진 객관적 존재로 파악한다. 작품을 작가로부터도, 독자로부터도, 그것을 산출한 세계로부터도 분리하여 작품 자체의 '내재적인' 미적 완결성에 의해 분석하고 판단해야 할 것으로 파악하는 관점이다. 모방론은 문학작품을 세계와 인간 생활의 모방·반영 혹은 재현으로 보며, 작품에 적용되는 기본적 기준은 그것이 재현하거나 재현해야만 하는 대상에 대한 재현의 진실성의 여부에서 가치를 판단한다.

2. 회상적 자아의 감각적 환기

서문에서 작가는 감동이라는 작품의 효용적 가치에 우선순위를 둔다고 밝히고 있지만 이번 시집에는 작가의 유년과 고향에 대한 기억을 표현하는 시가 압도적 다수를

차지하고 있다. 글을 처음 쓰는 사람들은 어디에서 글의 소재를 가장 먼저 찾는가? 대체로 자신이 기억하고 있는 과거에서 글의 소재를 찾는 것이 보편적 경향이다. 나는 그래서 기억의 보물창고가 하루빨리 바닥이 나야 더 좋은 글을 쓸 수 있다고 말하곤 한다. 자아가 과거로 회귀하면 과거지향적이 되기 쉽기 때문이다. 현재 우리가 살아가는 세계는 상상할 수 없을 만큼 빠른 속도로 변화하고 있다. 따라서 과거지향의 시들은 자칫 문화지체의 가치관에 빠질 위험성이 있다. 현재 우리가 추구해야 할 문학은 과거를 향해서는 안 된다. 현재를 살아가는 우리에게, 또 미래를 살아갈 다음 세대에게도 가치와 전망을 제시할 수 있어야 하기 때문이다.

인간의 기억에는 세 단계가 있다. 첫 번째, 새로운 지식이나 경험을 뇌에 입력하는 단계, 두 번째, 입력한 기억이 뇌에 저장되는 단계, 세 번째, 다시 생각하는 회상 단계가 그것이다. 즉 기억은 입력(registration)되고, 저장(retention)되어, 인출(recall)되는 세 단계의 과정을 거친다. 따라서 유년과 고향의 기억에 관한 시들은 과거 기억에 대한 회상, 즉 성년을 지나 노년에 이른 시인의 회상적 자아를 표현한 것이라고 할 수 있다. 과거에 입력되고 저장된 기억들에 대한 회상, 즉 인출 단계의 시인 것이다.

그런데 과거의 경험이라고 해서 모두 기억되는 것이 아니다. 대부분 단기기억들은 저장되는 과정에서 사라진다.

또한 장기간 기억되는 장기기억이라고 해서 모두 인출되는 것도 아니다. 따라서 시인이 기억하는 유년과 고향은 장기기억 중에서도 특별히 인상에 남아 회상된 경험이라고 할 수 있다.

독일의 철학자이자 평론가인 발터 벤야민(Walter Benjamin)은 기억과 회상을 다음과 같이 변별하였다. 기억(Erinnerung)은 가장 일반적인 의미의 기억을 가리키지만 회상(Eingedenken)은 특별한 사건과 인물과 시간에 대한 기억으로서 특히 종교적, 제의적 의미를 함축한다는 것이다. 시인이 시에서 그려낸 기억들은 절차적으로 세 번째 단계인 회상일 뿐만 아니라 벤야민의 분류에 의하면 일반적인 기억이 아니라 특별한 사건과 인물과 시간에 대한 강렬하고도 인상적인, 즉 제의적 의미를 함축한 회상이다.

아카시아꽃 흐드러진 밀밭 길을
혼자 걷는다

마음은 둘이서
사랑하는 사람과 함께

예전에 둘이서 걸었던 이 길
꼭 잡은 작은 손
아직도 따뜻하네

피할 수 없는 삼 년, 너무 길어서

세월이 우리를 갈라놓았네

　　　　　　　　　　　　　　-「밀밭 길」전문

　「밀밭 길」은 유년기의 기억이라기보다는 청년기의 기억이라고 보는 것이 타당할 것이다. 옛날에는 초여름이 되면 달콤한 향기가 풍겨 나오는 아카시아꽃이 만발하고 회녹색의 밀밭 풍경이 낯설지 않았다. 그러나 지금은 4월 중순을 넘기면 아카시아꽃이 벌써 만발하고, 농촌에 가도 수입 밀가루 때문에 밀밭을 좀처럼 찾아보기 어렵다. "아카시아꽃 흐드러진 밀밭 길을"이라는 첫 행은 후각과 시각의 공감각을 일깨우며 밀밭 길을 걷던 그 옛날의 시간 속으로 독자들을 소환한다. 그 밀밭 길은 사랑하는 사람과 함께 손잡고 걷던 추억이 아련히 새겨진 길이다. 그런데 "피할 수 없는 삼 년, 너무 길어서"라는 행에서 볼 때, 사랑하던 두 사람을 갈라놓은 계기는 남자의 군대 3년인 것 같다. 세속의 표현대로 군대 3년이 여자로 하여금 고무신을 거꾸로 신게 만든 것이다. 과거에 남자는 3년의 군 복무를 해야만 했다. 그 긴 세월에 여자는 기다리지 못하고 변심해 버리기 일쑤였다. 여자가 남자보다 결혼 연령이 낮았던 시대였기에 발생한 일이었다. "예전에 둘이서 걸었던 이 길/ 꼭 잡은 작은 손/ 아직도 따뜻하네"에서 보듯 현재 화자는 밀밭 길을 홀로 걷지만 과거에 밀밭 길을 둘이서 손잡고 걸었던 아름다운 순간을 따뜻한 촉각적 감각으로 기억하고 있다. 이루어지지 못한 사랑의 상처는

망각되고 아름답고 따뜻했던 순간으로 회상의 내용이 재구성되어 있다.

독일의 철학자이자 영문학자인 알라이다 아스만(Aleida Assmann)에 의하면 회상은 근본적으로 재구성된 것이다. 즉 기억을 회상할 시점에서 기억된 것은 치환, 변형, 왜곡, 가치 전도 또는 복구가 불가피하다는 것이다. 기억은 확실한 저장소에 온전하게 보관된 고정불변의 것이 아니라 변화하는 것이라고 본 것이다. 그의 말대로 기억과 망각은 분리되지 않고 상호 영향을 미치며 역동적인 변화과정을 거친다. 화자는 과거의 이루어지지 못한 사랑의 상처를 원망하고 슬퍼하는 대신 달콤하고 따뜻한 추억으로 재구성한다.

시인은 이 시에서 후각, 시각, 촉각 등 감각적 이미지를 다양하게 변주함으로써 보다 생동감 있고 구체성 있는 표현으로 추억을 시화하는 데 성공한다. 그리고 밑밭 길에 대한 기억은 개인적 기억이지만 동시에 그 시대를 살았던 이들의 보편적인 기억으로 공감대를 넓힘으로써 감동을 불러일으킨다. 시인이 의도했듯이 쉬운 언어로 감동을 주고 있다.

    반달이 유난히 창백한 겨울
    호롱불이 꺼지고
    적막한 밤이었다.

대밭에 삵이 들었나,
도둑괭이의
비단 찢는 비명이 들리고,

참나무 가지에서
파닥 파다닥 비둘기들의
날갯짓 소리가 요란했다.

부엉이가 날고
대밭 집 개가 짖어댔다.
이불 뒤척이던 청상靑孀도 울었다.

- 「겨울밤」 전문

  이 시의 첫 연은 어둡고 차갑고 적막한 겨울밤을 시각적 이미지를 통해 제시하고 있지만 2, 3, 4연은 모두 청각적 이미지를 통해서 시골의 겨울밤을 형상화한다. 도둑괭이의 비명 소리, 비둘기들의 날갯짓 소리, 부엉이가 나는 소리, 개가 짖어대는 소리만이 시골 겨울밤의 적막을 깨뜨린다. 이 소리들의 하이라이트는 아마도 마지막 행인 "이불을 뒤척이던 靑孀청상도 울었다"일 것이다. 겨울밤의 적막은 잠들지 못하고 뒤척이는 청상의 숨죽인 울음소리에서 최고조에 달한다. 그 소리들이 금방이라고 귀에 들릴 듯한 적요로운 겨울밤 풍경이다. 이 시도 쉽고 구체적인 감각적 이미지로 독자의 감동을 자아낸다.

겨울밤이 깊어간다.
마당에는 앙상한 감나무 그림자가
달빛에 춤을 춘다.

소리가 들린다.
앞 동네, 뒷동네, 먼 동네
소리가 들린다.

딱, 딱, 따다닥 딱
겨울밤의 고요를 깨고
방망이 소리가 들린다.

딱딱 들리는 저 소리는
혼자서 하는 방망이질이고
따닥따닥 저 소리는
양손에 방망이를 두들기는 소리이고

따다닥 딱 따다닥 딱 저 소리는
모녀가 마주 앉아
양손에 방망이를 들고
두들기는 소리가 틀림없다.

척척 맞는 박자를 따라
겨울밤은 깊어가고
먼 동네 방망이 소리는
재 너머 기차의 기적 소리 마냥
아련했다.

-「소리」전문

「소리」라는 시의 소재는 방망이 소리, 정확히 표현하자면 다듬이질 소리이다. "겨울밤이 깊어간다./ 마당에는 앙상한 감나무 그림자가/ 달빛에 춤을 춘다"에서 보듯 이 시에서 그려진 겨울밤은 앙상한 감나무 그림자만이 달빛 속에서 춤을 추는 적막 속에서 깊어간다. 하지만 사위의 적막과 고요를 깨뜨리는 유일한 소리가 앞 동네, 뒷동네, 먼 동네에서 들려온다. 요즘에는 들을 수 없는 방망이 두드리는 소리이다. 그 소리가 얼마나 친숙하고 익숙한 소리였는가 하면 '딱, 딱, 따다닥 딱', '딱딱', '따닥따닥', '따다닥 딱 따다닥 딱' 하며 박자를 맞추는 소리를 통해 누가 어떻게 방망이질을 하는지를 알아차릴 수 있다. 즉 혼자서 하는 방망이질인지, 양손에 방망이를 들고 두드리는 소리인지, 모녀가 마주 앉아 방망이질하는 소리인지 그 소리만 듣고도 변별할 수 있다. "척척 맞는 박자를 따라/ 겨울밤은 깊어가고/ 먼 동네 방망이 소리는/ 재 너머 기차의 기적 소리 마냥/ 아련했다"에서 보듯 지금 화자는 추억 속의 아련한 다듬이질 소리를 소환하며 시간을 거슬러 간다. 현대에는 자동차 소리와 각종 문명의 소음들이 그 소리들을 삼켜버렸고, 전깃불과 네온의 불빛들로 하여 달빛을 오롯이 즐길 수도 없다. 아니 방망이질하는 생활풍속 자체가 사라져버린 것이 현대이다. 이제 방망이질 소리는 화자의 기억 속에서만 들려오는 아련한 추억이 되고 만 것이다. 그 소리들을 회상하며 그에 대한 그리움을 표현하고 있다.

> 나의 고양이는
> 안개처럼 스며들어
> 손등을 핥으며 나를 깨운다.
>
> 나는 눈을 뜨지 않는다
> 뜨지 않고도
> 네가 온 것을 알기 때문에
>
> 타다 남은 너의 입김이
> 안개의 자잘한 기포가 되어
> 코와 입술을 간질이고
>
> 목덜미와 가슴을 거쳐
> 속으로 속으로 퍼지면
> 나는 너를 품고
>
> 나긋한 수염과
> 부드러운 등줄기를 어루만지며
> 수풀 속 작은 연못에 헤엄을 친다.
>   -「추억 고양이」

 이 시는 매우 감각적이고 아름다운 시이지만 해석하기가 상당히 난해하다. 표현은 구체적인 감각을 동원하여 아주 생동감이 있다. 하지만 표현하고자 하는 대상이 고양이인지, 뭔지 처음에는 쉽게 알 수 없다. 그런데 읽다보면 그것은 추억 속의 고양이가 아니라 추억 그 자체라는 것을 알 수 있다. 추억은 안개처럼, 고양이처럼 나도 모르는 사이 나에게 스며들어 내 몸을 어루만지고 나를 나긋한 행복감에 빠뜨린다. 그리고 수풀 속 작은 연못에 빠져 헤어나오지 못하고 그 속을 유영하게 만든다. 이 시는 주로 감촉, 즉 촉각적 이미지를 다양하게 환기함으로써 독자의 감각에 호소하고 정서적 반응을 일으키게 한다. 이 시에서 보면 인간은 회상할 수 있는 능력을 가진 존재이다. 바로 이 회상 능력 때문에 과거의 아름답고 행복한 시간 속으로 돌아가서 다시 그 아름다움과 행복감을 반추하며 향유할 수 있다. 화자를 사로잡은 나긋한 추억의 내용이 무엇인지 독자로서도 매우 궁금해진다.

이번 시집에서 회상적 자아를 표현하고 있는 시들은 시인이 의도했듯 쉽게 이해할 수 있고, 개인적인 기억이지만 동시대를 살았던 사람들에게도 공감을 불러일으키는 보편성을 지니고 있다.

3. 현실적 자아의 비판작용

이번 시집에는 회상적 자아와 변별되는 또 다른 자아를 만날 수 있다. 그것은 사회적 존재로서 인간이 갖고 있는 현재적이고 현실적인 자아이다. 신문홍 시인의 경우, 자아가 시간적으로 과거를 향하면 회상작용이 일어나고, 현재를 향하면 비판작용이 일어나는 것 같다. 과거는 회상 속에서 치환 변형 왜곡 등이 일어남으로써 아름답게 윤색되는 반면 현재는 현실을 엄정하게 진단하며 그에 대한 날카로운 비판의식이 강하게 작용한다.

먼바다 위에
작은 섬 하나 앉아 있다.
구름 바라보며 말이 없다.

도시의 섬들이 생겨나고 있다.

마스크 삼 년에 인연은 멀어지고
모두가 낯설다.

갈매기 커서 날아가듯이
다 제 둥지 찾아 떠났다.

텅 빈 바람벽 안에
덩그러니 앉아 있노라면,

파도가 넘실넘실 스며들어
거실을 채운다.

화분이 물에 잠기고
해초들이 일렁이면
나는 그냥 섬이다.

- 「섬」 전문

이 시의 핵심적 키워드인 '섬'이 의미하는 바는 지리적 공간 개념이 아니다. 제1연에서의 섬은 지리적 개념으로서의 섬일 수 있다. 섬이란 육지로부터 멀리 떨어지고, 바닷물에 가로막힌 공간이다. 그런데 시인은 제2연에서 "도시의 섬들이 생겨나고 있다"라고 진술한다. 이때 시인이 표현하고자 하는 섬은 지리적 공간이 아니다. 도시에 생겨난 섬은 제3연의 "마스크 삼 년"에서 볼 때 코로나로 인한 사회적 거리두기 때문에 생긴 사회적 격리 현상이다. 제4연의 "갈매기 커서 날아가듯이/ 다 제 둥지 찾아 떠났다"에서는 자식들이 장성하여 부모의 품을 떠난 데서 오는 빈둥지 증후군을 겪는 노년의 외로움과 슬픔이다. 원인이 무엇이든 화자는 지금 외출도 하지 못하고 찾아오는 사람도 없이 텅 빈 바람벽(거실) 안에 덩그러니 홀로 앉아 있다. 마치 자신이 육지로부터 멀리 떨어지고 바닷물로 가로막힌 섬처럼 느껴진다. 파도처럼 밀려드는 외로움과 슬픔에 거실의 화초들이 바닷속 해초처럼 느껴지고, 자신은 외로운 섬이 된 듯한 소외감에 사로잡힌다.

어쩌면 현대는 미국의 사회학자 데이비드 리스먼(David Riesman)의 표현대로 '군중 속의 고독'을 느끼는 시대인지 모른다. 현대인들은 대중사회에서 수많은 타인들에 둘러싸여 살아가며 격리되지 않으려고 노력하지만 내면적인 고립감과 불안에 번민하는 사회적 성격을 지니고 있다. 현대인들이 겪는 내면적 고립감과 소외감을 시인은 섬과

외로움의 감정을 적절히 연결시킴으로써 감각적으로 잘 시화하고 있다.

나는 험한 바위틈에서 태어났다.
비가 올 때 몇 모금 물을 마시고
참고 참으며 가뭄과 추위를 견뎌냈다.
나는 난쟁이가 되었지만
아랫도리는 팔뚝만큼 굵어졌다.

나도 몰래 꽃이 피고
가느다란 가지에 열매를 달았다.
어느 날 분재盆栽꾼이 왔다.
음, 돈이 되겠군!
뿌리째 파서 비닐하우스로 갔다.
온몸에 구리철사를 엮어 멋진 화분에 심었다.

돈 세는 소리를 듣는 날
나는 고급 차를 타고 출근했다.
회장님 탁자에 앉았다.
회장님은 바빴다.
변호사를 불러 불법을 합법으로 하는
방법을 의논하고
회계사와 함께 탈세를 의논하고
전무를 불러 어떻게든
코 묻은 서민의 돈을 후릴지를 의논했다.

그리고는 마지막 한 가닥 양심으로

나를 은근한 눈으로 내려보며
어루만지고 세수도 시켜주고
자신의 성공을 자축하는 것이다.

나는 진절머리가 난다.
철사 옷을 벗고 싶다.
하루빨리 고향으로 가고 싶다.
시원한 바람에 새소리를 들으며
아침이슬을 마시고 싶다.
어서 가야 한다.
바위틈 고향으로, 고향으로 가야 한다.

-「슬픈 모과나무」

  이 시는 험한 바위틈에서 자란 모과나무가 분재꾼의 손에 의해 도시 회장님의 탁자 위로 옮겨져 거기서 모과나무가 보고 들은 것을 통해 있는 자, 가진 자들의 행태를 비판한 시이다. "변호사를 불러 불법을 합법으로 하는/ 방법을 의논하고/ 회계사와 함께 탈세를 의논하고/ 전무를 불러 어떻게든/ 코 묻은 서민의 돈을 후릴지를 의논했다"에서 보듯이 회장은 불법을 합법으로 하기 위해 변호사와 공모하고, 탈세를 위해 회계사를 동원하고, 서민의 돈을 후릴 방법을 전무와 의논하는 존재이다. 그들의 행태에 모과나무는 "나는 진절머리가 난다"라고 진술한다. 이 시에서 모과나무로 등장한 화자는 있는 자, 가진 자의 반대편에 서 있는 없는 자, 뿌리 뽑힌 자, 즉 서민일 것이다. 화자는 도시 회장의 탁자 위를 떠나 고향의 바위틈으로 하루빨리 돌아가고 싶다. 이 시는 우리 사회의 부의 양극화를 비판한다. 그리고 회장뿐만 아니라 그 중간에서 공모하는 변호사, 회계사, 전무 등의 비도덕성을 대해서도 비판한다.

호주의 사회학자 코넬(R.W. Connell)은 남성성을 헤게모니적 남성성, 종속적 남성성, 공모적 남성성, 주변화된 남성성 등 네 가지 유형으로 분류한 바 있다. 헤게모니적 남성성(hegemonic masculinity)에서 말하는 '헤게모니'는 사회적 삶에서 주도적 위치를 점유하고 유지하는 문화적 역할을 의미한다. 공모적 남성성(complicit masculinity)은 헤게모니적 남성으로부터 일반적으로 얻는 혜택과 이익을 누리는 남자들을 의미한다. 이들은 전문적 지식을 헤게모니적 남성에게 제공하고, 그 대가로 혜택과 이익을 누린다. 주변화된 남성성(marginalized masculinity)은 헤게모니적 남성으로부터 지배당하고 소외된 남성성을 칭한다. 이 시에서 종속적 남성성(subordinated masculinity)은 등장하지 않는데, 종속적 남성성은 남성 집단 내에서 헤게모니를 갖지 못한, 즉 동성애 남성 등을 의미한다.

이 시에서 모과나무 분재를 소유한 '회장'은 헤게모니적 남성성을 지닌 존재라고 할 수 있다. 변호사, 회계사, 전무는 공모적 남성성에 해당되는 존재이다. 모과나무를 뽑아간 분재꾼이나 모과나무로 상징된 존재는 주변화된 남성성에 속한다고 할 수 있다. 사회적으로 실질적인 권력을 행사하는 헤게모니적 남성들은 자신이 점한 지배적 위치에서 공모적 남성들을 부리고, 주변화된 남성들을 착취하고 지배한다. 자본주의가 지배하는 현실 속에서 주변적 남성들은 철사에 구속된 모과나무 분재처럼 주체성을 상실한 상품으로 소외되고, 헤게모니적 남성의 지배 아래 무주체적인 삶을 영위한다.

> 우리 동네 어귀에
> 아담한 이 층 집 한 채가 있다.
> 영감 한 분이 살았다.
> 대문 기둥에 문패가 있었지만
> 뒤집어 걸려 있었다.
>
> 영감은 지독한 구두쇠였다.
> 아내는 구박을 못 이겨 집을 나갔다.
> 억수같이 쏟아지는 비를 맞으며
> 오천 원짜리 영수증을
> 받아와 바친 날 짐을 쌌다.
>
> 엄마가 나간 후 아들도 나갔다.
> 엄마를 따라갔다는 말도 있고
> 어디서 자장면 배달을 한다는 말도 있었다.
>
> 막노동으로 돈을 좀 모은 영감은
> 살고 있는 집이 유일한 재산이다.

담벼락에 이웃집 개가
오줌이라도 쌀 때는 난리가 났다.
이웃에게 영감의 별명은 독사였다.

어느 날 구급차가 오고
동 사무소 여직원이 수첩에 무언가를 적고,
동네 사람들이 모여 웅성웅성하던 날,
대문 옆에 걸렸던 문패가 떨어졌다.
적힌 이름을 보니 고독사孤獨死였다.

- 「문패門牌」 전문

「문패門牌」라는 시는 우리 시대의 현안 가운데 하나인 가부장주의의 몰락과 고독사를 소재로 삼고 있다. 아담한 이층집에 살고 있는 구두쇠 영감은 가족을 지독히 구박한 결과 아내와 아들이 집을 나가버렸고, 마을 사람들에게도 독사라는 별명을 가질 정도로 인심을 잃었다. 홀로 살던 그의 집에 어느 날 구급차가 오고, 동사무소의 여직원이 방문하고 동네사람들이 웅성웅성하고, 문패가 떨어졌다는 것을 통해 그가 고독사했음을 보여준다. 노인이 홀로 살다 고독사를 하게 된 원인에는 여러 가지 진단이 가능하겠지만 이 시에서는 가부장주의로 인한 가족 간의 갈등과 가치관 대립의 문제로 진단한다. 즉 지난 시대의 유물인 가부장주의가 가족 간의 갈등을 야기하였고, 그로 인해 홀로 살게 된 노인이 성격마저 까칠하여 이웃의 돌봄조차 받지 못하고 고독사하였다는 것이다. 아무튼 1인 가구가 폭발적으로 증가하고 있는 오늘날의 상황에서 고독사는 우리 사회가 해결해야 할 사회적 현안의 하나가 되고 있다. 고독사 문제를 가부장주의와 연결시킨 시인의 사회학적 상상력이 돋보인다.

시인은 점차 시적 소재를 개인적인 과거의 경험에 대한 회상에서 현실적 자아가 직면한 현재의 사회적 문제로 확장하고 있다. 「저 멀리 북쪽에는」에서는 자유를 박탈당한 북한 주민들의 문제 등 국가 공동체의 문제를 시화한다. 바람직한 현상이다. 다음 시집에서는 보다 확장된 시 세계를 만나볼 수 있으리라는 기대와 확신을 갖게 된다.

시적 자아를 보다 적극적으로 표현하면서도 독자에게 감동을 줄 수 있는 시, 현실을 진실되게 재현하면서 동시에 미적 완결성을 추구하는 시를 쓸 수 있다면 시인으로서는 더 이상 바랄 바가 없을 것이다. 그럴 가능성을 이번 시집은 충분히 보여주었다고 생각한다.